Contenido

Pregunta esencial 2

Lecturas compartidas 1 y 2:
¿Una buena idea? 4
El tamaño de la bondad 5

Lectura corta 1: ¿Por qué el cielo está lejos? 6

Lectura corta 2: El rey Midas 10

Lectura de estudio de palabras: La flor dorada 14

Desarrolla, piensa, escribe 15

Lecturas compartidas 3 y 4:
El cuervo y la zorra 16
¿Hombre o león? 17

Lectura larga 1: Un jardín atractivo 18

Lectura de estudio de palabras: Cien cenicientas 26

Desarrolla, piensa, escribe 27

Lecturas compartidas 5 y 6:
Un regalo para mamá 28
Vuelve a empezar 29

Lectura larga 2: Trilingüe 30

Lectura de estudio de palabras: El campeón bajito 38

Desarrolla, piensa, escribe 39

Desarrollo del idioma español 40

Apoyo para la conversación colaborativa 44
Qué significa cada palabra .... Interior de contraportada

Cuentos para la vida

pregunta esencial

¿Qué nos enseñan las diferentes culturas?

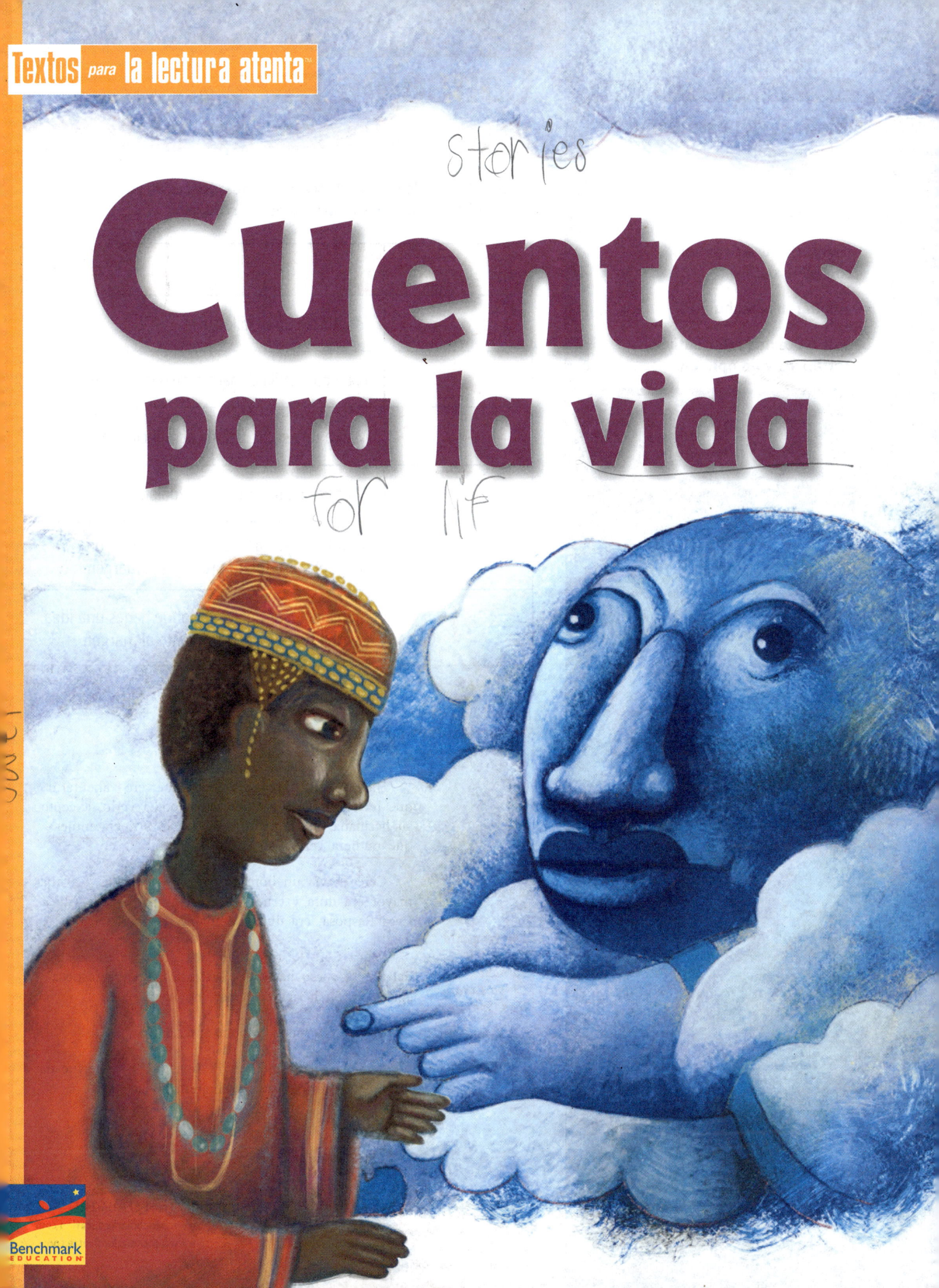

Cuentos para la vida

Objetivos del estudiante
Seré capaz de:
- leer y analizar cuentos de distintas culturas con enseñanzas.
- compartir ideas con mis compañeros.
- ampliar mi vocabulario.
- escribir textos informativos, narrativos y de opinión.

Créditos
Editora: Queta Fernandez
Director creativo: Laurie Berger
Directores de arte: Melody DeJesus, Kathryn DelVecchio-Kempa, Doug McGredy, Chris Moroch
Producción: Kosta Triantafillis
Director de fotografía: Doug Schneider
Ayudante de fotografía: Jackie Friedman

Ilustraciones: Alexander Honore: p. 2; Gerald Kelley: p. 3 (top); Jaqueline Rogers p. 3 (bottom); juanbjuan Oliver: p. 4; Stephen Stone: p. 5; Gerardo Suzán: p. 6-9; Kirk Parish: p. 10-13; Daniela Dogliani: p. 16; Fermin Solis: p. 17; David Harrington: p. 18-25; Lisa Manusak: p. 28; Roger Simo: p. 29; Mariano Epelbaum p. 30-37

©2015 Benchmark Education Company, LLC. All rights reserved. No part of this publication may be reproduced or transmitted in any form or by any means, electronic or mechanical, including photocopy, recording, or any information storage or retrieval system, without permission in writing from the publisher.
Printed in China. 9039/0321/02103-Y23584

ISBN: 978-1-5021-6769-9

Consejos para hacer anotaciones en el texto

A medida que leas las diferentes partes del texto, recuerda hacer anotaciones. Usa los siguientes símbolos.

Símbolo	Próposito
subrayar	Identificar un detalle clave.
★	Pon una estrella al margen de una idea importante.
① ② ③	Marca una secuencia de acontecimientos.
valiente	Encerrar en un círculo una palabra o frase.
?	Marca el lugar del texto donde tienes una pregunta. Escribe tu pregunta al margen.
!	Marca el lugar del texto donde tienes una idea. Escribe tu idea o pensamiento al margen.

Tus anotaciones deben verse así.

1   Hace muchas lunas, vivió un guerrero ①(valiente) al que le decían El Invisible. Nadie podía verlo, excepto su hermana. Prometió casarse con la primera mujer que pudiera verlo.

¿Qué significa la palabra cruel?

2   Cerca, vivía un hombre con sus dos hijas. La hija mayor era dura y cruel. La más joven, llamada Chica Cara Rasposa, era dulce y amable.

Me pregunto por qué la llamaban Chica Cara Rasposa

3   Chica Cara Rasposa trabajaba duro. Se encargaba del fuego, y eso hacía que su cara estuviera rasposa y agrietada. Su hermana ociosa, no hacía nada.

4   Un ③ día, Hermana Ociosa anunció:

5   —¡Quiero casarme con El Invisible! —y se fue de prisa hacia el wigwam de él, junto al lago.

LEXILE® is a trademark of MetaMetrics, Inc., and is registered in the United States and abroad.
E-book and digital teacher's guide available at benchmarkuniverse.com.

BENCHMARK EDUCATION COMPANY
145 Huguenot Street • New Rochelle, NY • 10801

Toll-Free 1-877-236-2465
www.benchmarkeducation.com
www.benchmarkuniverse.com

Fábula

Lecturas compartidas 1 y 2

Recuerda hacer tus anotaciones mientras lees

¿Una buena idea?

1   Tuvimos una reunión donde debíamos pensar en una solución para protegernos del gato. ¿Punto a tratar? El gato era tan escurridizo que nos podía atrapar en cualquier segundo. Pensamos y discutimos largo rato, sin llegar a una conclusión.

2   El ratón más joven dijo:

3   —El jefe piensa que no hay solución, pero yo la tengo: Colguémosle al gato un cascabel en el cuello. Así lo escucharemos ¡y tendremos tiempo para escapar!
—los ratones gritaron de contentos y aplaudieron la excelente idea.

4   El ratón más viejo tomó la palabra:

5   —Yo pienso que… ¿quién le va a poner el cascabel al gato?

6   Se hizo un silencio total.

Cuento del porqué

El tamaño de la bondad

1   Hace mucho tiempo, la hormiga y el elefante eran del mismo tamaño, más o menos tan grandes como un caballo. Un día, en un punto del camino, se encontraron una joven que estaba herida y no podía caminar.

2   —Por favor, hormiga, ¿me puedes llevar en tu espalda? —preguntó la joven.

3   —Pienso que no sería cómodo para mí. ¡Olvídalo! —se quejó la hormiga.

4   Sin embargo, el elefante quiso ayudarla y la llevó a casa. Como premio, el papá de la joven les dio al elefante y a la hormiga un regalo basado en el tamaño de la bondad de cada uno. En un segundo, el elefante se volvió grande y fuerte, y la hormiga se volvió pequeñita.

Lectura corta 1

Recuerda hacer tus anotaciones mientras lees

Notas

¿Por qué el cielo está lejos?

1   Hace muchos años, el cielo estaba muy cerca de la tierra. La gente podía tocarlo, cortarle un trozo ¡y comérselo! El cielo era delicioso y sabía a coco, a fresa y a otros alimentos exquisitos. Como la gente no trabajaba para obtener comida, pasaba el tiempo pintando cuadros hermosos, tejiendo telas coloridas y cantando canciones.

Cuento del porqué

2   Sin embargo, desperdiciaban con frecuencia la comida del cielo y comían más de lo que necesitaban. Pronto, hubo restos de comida amontonadas por todas partes.

3   El cielo se enojó mucho y así les dijo:

4   —Están desperdiciando la preciada comida que les regalo. ¡Si siguen haciéndolo, me voy!

5   Durante un tiempo breve, la gente fue cuidadosa. Sólo tomaban del cielo lo que necesitaban. Sin embargo, un día durante un gran festival, olvidaron la advertencia que el cielo les había hecho.

6   La gente bailaba, cantaba y comía. Tomaban piezas enormes del cielo. Mucho más de lo que podían comer.

7   Algunas personas enterraron las sobras de comida, pero el cielo lo había visto todo y así les dijo:

Cuento del porqué

8 —Ustedes son glotones y derrochadores. Ahora, me iré lejos.

9 —¿Y ahora qué vamos a comer? —le preguntó la gente.

10 —Tendrán que trabajar para comer y para ello tendrán que plantar cultivos —respondió el cielo, elevándose rápidamente hasta el lugar donde está ahora.

Lectura corta 2

Recuerda hacer tus anotaciones mientras lees

El rey Midas

1   Hace mucho tiempo, había un rey llamado Midas que era el hombre más rico de todos. Excepto su hija Marioro, lo que más le importaba al rey en el mundo era el oro.

2   Un día, mientras el rey Midas contaba sus monedas, apareció un extraño.

3   —Si pudiera concederle un deseo, ¿cuál sería? —le preguntó.

4   —Desearía que todo lo que tocara se convirtiera en oro —respondió el rey Midas.

5 —¡Su deseo ha sido concedido! —exclamó el extraño—. Cuando despierte mañana, tendrá ese poder.

6 A la mañana siguiente, el rey se despertó más temprano que de costumbre. Caminó por el palacio tocando todos los objetos que había. ¡Estaba encantado y emocionado de que todo lo que tocaba se convertía en oro!

7   Cuando se detuvo para tomar un sorbo de agua, ¡el vaso se convirtió en oro! Entonces, su hija Marioro corrió hacia él, pero cuando la abrazó para darle un beso, ¡ella se convirtió en una estatua de oro!

8   —¿Qué he hecho? —lloró el rey. Y sollozó lleno de dolor y tristeza.

9   De pronto, se le apareció el extraño.

10   —Parece el más triste de todos los hombres —le dijo el extraño.

11   —Perdí lo que más quería —se lamentó el rey.

12 —Llene este cántaro con agua del lago —le indicó el extraño—. Luego, rocíela sobre todo aquello que haya convertido en oro.

Notas

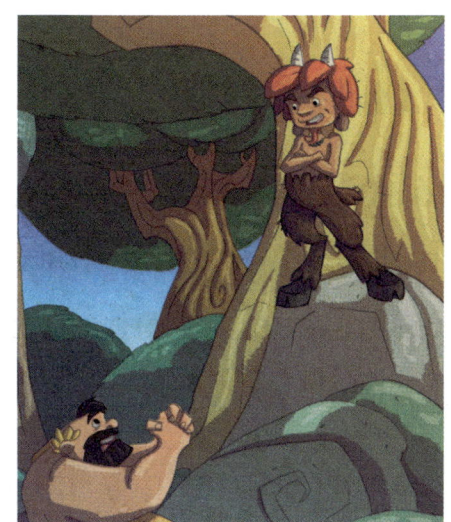

13 El rey Midas siguió las instrucciones. Cuando todo regresó a la normalidad, ¡el rey fue el hombre más feliz de la tierra!

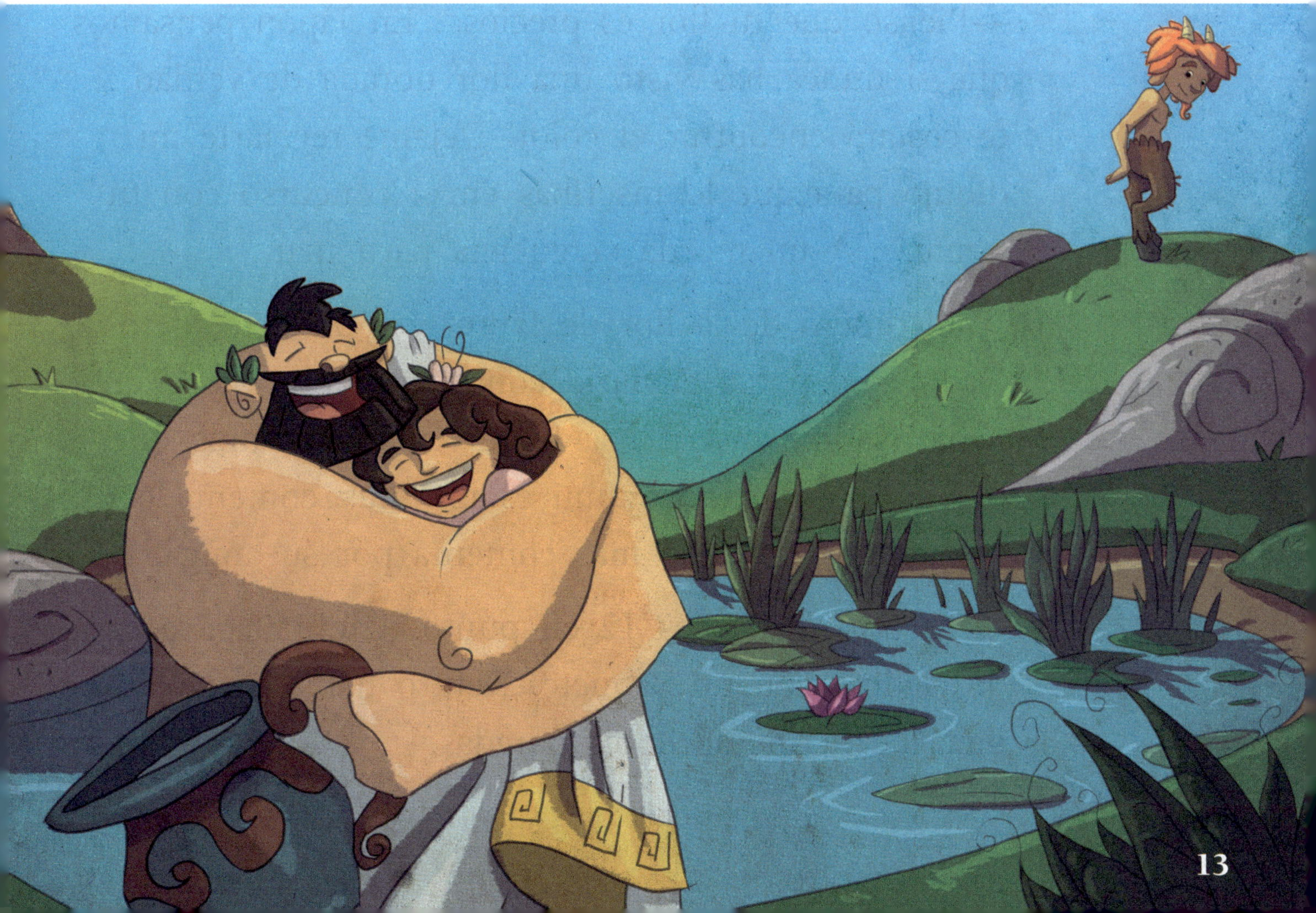

Lectura de estudio de palabras

Ficción realista

La flor dorada

Nadine miró su dibujo sin saber qué pensar. Llevaba varios días intentando dibujar una flor dorada para el concurso de dibujo de la escuela, pero no conseguía encontrar los colores perfectos.

1 —Voy a preguntarle a Izumi qué piensa ella —se le ocurrió.

2 Izumi era una niña muy joven, que acababa de llegar de Japón y dibujaba las flores más bonitas que Nadine había visto.

3 Izumi miró el dibujo un segundo y dijo: —Pienso que tu flor es preciosa. En Japón pensamos que si nunca has visto una flor dorada de verdad, te costará encontrar el color. Déjame regalarte mi dibujo para que lo inscribas en el concurso con tu nombre. A mí me da vergüenza participar.

4 El dibujo de la flor de Izumi era perfecto, pero Nadine no podía enviarlo con su nombre. Sin decirle nada, Nadine inscribió a Izumi en el concurso que, por supuesto, ganó. Izumi estaba muy contenta con su premio y Nadine más contenta por su amiga.

5 Al otro día, a las 12 en punto, Izumi llegó a casa de Nadine con un paquete. Dentro había una planta llena de hermosas flores doradas.

DesarrollaPiensaEscribe

Ampliar los conocimientos

Compara y contrasta las lecturas "¿Por qué el cielo está tan lejos?" y "El rey Midas". Utiliza un diagrama de Venn para identificar las semejanzas y diferencias de los personajes y las moralejas o lecciones de ambos textos.

Piensa

¿Qué nos enseñan las diferentes culturas?

Basado en los textos de esta semana, anota otras ideas que tengas acerca de la pregunta esencial.

_____
_____
_____
_____
_____

Escribir basándote en las fuentes

Informativo/Explicativo

En "¿Por qué el cielo está tan lejos?" y en "El rey Midas", los dos personajes principales son codiciosos y aprenden una lección. Redacta un escrito breve en el que compares la codicia y las enseñanzas aprendidas por los personajes principales. Para apoyar tu explicación, utiliza los sucesos del cuento que aparezcan en las lecturas.

Lecturas compartidas 3 y 4

Recuerda hacer tus anotaciones mientras lees

Fábula

El cuervo y la zorra

1   Estaba un cuervo sobre una rama con un delicioso pedazo de queso en el pico. Cerca de allí pasaba una zorra con mucha hambre y poca vergüenza.

2   —¡Qué criatura más bella! —le dijo la astuta zorra—. Entre todas las aves, no hay un ejemplo de pájaro más bonito.

3   El cuervo la escuchaba orgulloso.

4   —¡Quiero escuchar tu canto de ruiseñor! —siguió la zorra.

5   —¡Soy un cuervo! —dijo el cuervo con tanto orgullo y tanto pico, que el queso cayó directo entre las garras de la zorra.

6   La zorra se lo zampó de un bocado y huyó, dejando al cuervo con su orgullo, pero sin queso.

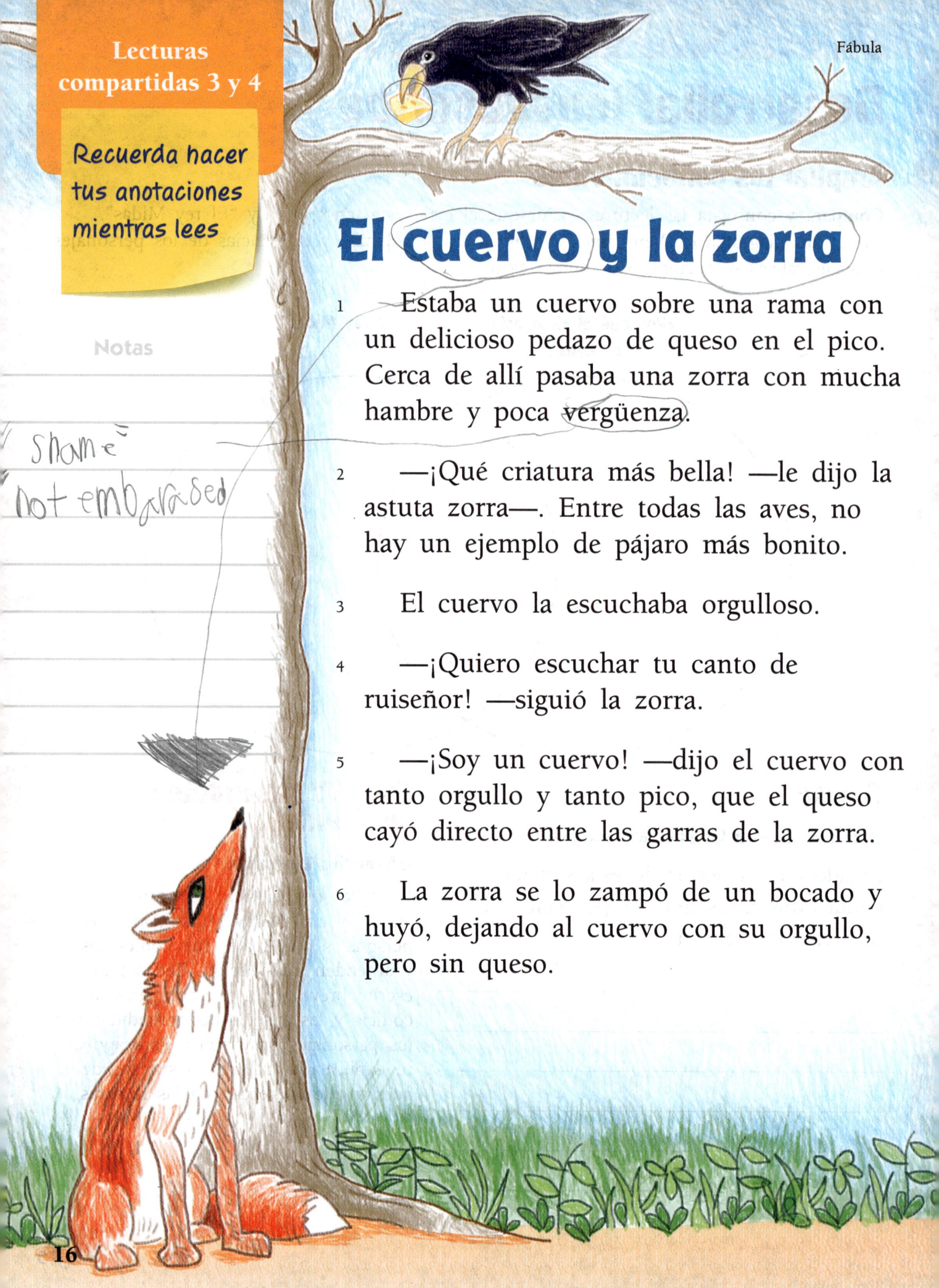

¿Hombre o león?

1   Un día, un león paseaba cerca de un museo cuando escuchó el diálogo entre dos hombres.

2   —¿Ves? El hombre siempre le gana al león —decía uno de los hombres. Iba a añadir una explicación cuando el león lo interrumpió.

3   —Escucha, hombre, el león es mucho más fuerte. Por ejemplo, un solo león puede derrotar a un grupo de hombres.

4   —¡Primera vez que escucho eso! —dijo el hombre y, para probarlo, le mostró un cuadro donde junto a una cerca, un cazador estaba parado, victorioso, con un pie sobre un león.

5   —Estoy seguro de que ese cuadro lo pintó un hombre. Deberías visitar nuestro museo de arte —le contestó el león.

Lectura larga 1

Recuerda hacer tus anotaciones mientras lees

Un jardín atractivo

Jeffrey Fuerst

1   Era un día de julio, unos olores agradables flotaban en la brisa y Oso encontró al lado del arroyo una hilera de arbustos de arándanos azules con frutos maduros. Comió hasta llenarse y se durmió. Ardilla y Conejo siguieron también el olor hasta llegar a donde estaban los arándanos. Cuando comenzaban a comerse los arándanos, Oso despertó.

2   —¡Eh! —gruñó oso—. ¡Esos son MIS arándanos! ¡Largo, o ya verán!

3   Ardilla y Conejo salieron corriendo de regreso al bosque, donde le contaron a su sabio amigo Zorro lo que había ocurrido.

4 —Oso está siendo egoísta, como siempre —dijo Zorro—. Tendremos que hacer algo al respecto.

5 Zorro cogió un puñado de sus semillas especiales. Luego, fue a donde estaba Oso y le dijo:

6 —Voy a cultivar un jardín con vegetales deliciosos. Un poco de ayuda de alguien fuerte me vendría bien.

7 —¿Qué gano yo con eso? —preguntó Oso mientras se comía otro puñado de arándanos.

8 —Compartiremos, por supuesto —dijo Zorro—. Puedes quedarte con todo lo que crezca por encima del suelo y yo me quedaré con todo lo que crezca por debajo del suelo.

9 Oso se rió.

10 —¿Comerás cosas cubiertas de tierra? ¡Guácala! Trato hecho.

11 —¿Qué te parece si cultivamos zanahorias? —sugirió Zorro.

12 Oso lo pensó por un momento y luego dijo:

13 —Me encantan las zanahorias. Son ricas crudas o cocidas. Empecemos a trabajar.

14 Oso y Zorro cavaron agujeros para las semillas de zanahoria. Las plantaron y las regaron. Las semillas brotaron. Después de un tiempo, las zanahorias estuvieron listas.

15 Oso sacó las zanahorias. Se le hacía la boca agua pensando en una sopa o en un pastel de zanahoria. Zorro tomó las zanahorias, les quitó la parte verde de arriba y se las dio a Oso. Zorro se quedó con las raíces anaranjadas.

16 —¡Eh! —dijo Oso—. La parte verde no sirve para comer. Quiero la parte anaranjada.

17 —Aaah —dijo Zorro—. La parte anaranjada es la raíz y crece bajo tierra. ¿Recuerdas nuestro trato? A ti te toca todo lo que crece por encima de la tierra.

18 Oso rugió y gruñó, pero no había nada que pudiera hacer. Un trato es un trato. Entonces, dijo:

19 —¡Quiero un nuevo cultivo! Esta vez, yo me quedaré con lo que crezca bajo la tierra y tú te quedarás con lo que crezca sobre la tierra.

Notas

20 —Muy bien —dijo Zorro—. ¿Qué te parece si cultivamos apio?

21 —¡Me encanta el apio! —dijo Oso—. Con mantequilla de cacahuate es una bocadillo sabroso, además de que puede hacerse una bebida nutritiva con él.

22 Oso y Zorro sembraron y regaron las semillas de apio. Las semillas brotaron. Después de un tiempo, el apio estuvo listo.

23 Oso sacó el apio, relamiéndose los labios anticipadamente. Zorro cortó los tallos que crecían sobre la tierra.

24 —Crujiente y refrescante —dijo Zorro mientras masticaba un tallo y daba a Oso las raíces de apio.

25 —¡Guácala! —dijo Oso al morder la amarga raíz de apio—. Me engañaste de nuevo. Me engañaste dos veces. Esta vez, sembremos otro tipo de planta. ¡Me quedaré con las raíces y los tallos!

26 —Muy bien —dijo Zorro—. ¿Qué te parece si cultivamos algo que sirva para hacer ensalada?

27 Oso pensó en ensaladas.

28 —La lechuga es buena para hacer ensaladas —dijo mientras se relamía—. También se puede poner en un sándwich. Manos a la obra.

29 Oso y Zorro sembraron y regaron unas semillas de lechuga. Las semillas brotaron. Después de un tiempo, las lechugas estuvieron listas para ser cosechadas.

30 Oso se llenó los brazos de lechugas.

31 —¡Son mías, sólo mías! —gritó.

32 —No tan rápido —dijo Zorro—. Dijiste que te quedarías con las raíces y los tallos. Lo que estás abrazando son las hojas de las lechugas. Como acordamos, esas me pertenecen.

Notas

33 —¡No es justo! —gritó Oso—. ¡No es justo, no es justo, no es justo! Quiero comer lechuga. Quiero comer una ensalada con zanahorias y apio.

34 —¡Qué buena idea, Oso! —dijo Zorro—. Haré una ensalada con lechuga, zanahorias y apio. Voy a invitar a Ardilla y a Conejo. Los tres haremos un pícnic debajo del castaño.

35 Oso se fue deprisa hacia los arbustos de arándanos azules que estaban cerca del arroyo.

36 —No es justo —murmuró, mordisqueando lentamente un arándano. Pronto, su enojo se convirtió en tristeza, porque ahora se sentía excluido. Escuchó el sonido del arroyo.

Cuento de embusteros

37 —Glu, glú, plaf —dijo el arroyo y Oso entendió. Entonces, recogió cuatro canastas de arándanos azules y las llevó hasta el pícnic debajo del castaño.

38 —Estaba equivocado al no querer compartir los arándanos —dijo Oso—. Traje una canasta para cada uno.

39 —Genial, gracias Oso —dijo Ardilla.

40 —¡Serán un postre sabroso! —dijo Conejo.

41 —Y ya que se trata de compartir —dijo Zorro—, por favor, únete a nuestro pícnic.

Lectura de estudio de palabras

Texto informativo: Artes del lenguaje

Cien cenicientas

1   Seguro que leíste o alguien te ha leído *La Cenicienta* a la hora de dormir. O pudiste escuchar el cuento en una acampada con un grupo de amigos. Este viejo cuento tiene muchas versiones: la de Charles Perrault, que es la más conocida, la versión italiana, la rusa, la egipcia y muchas más.

2   ¡La Cenicienta surgió hace casi dos mil quinientos años! Cada cultura le pudo añadir o cambiar cosas, según sus costumbres y su época. Ya sabes lo de "Había una vez…" Pero en general, todas las versiones del cuento hablan de una joven que tenía una madrastra y unas hermanastras malas que la maltrataban. Al final, la Cenicienta siempre se casa con un príncipe.

3   Otra cosa en común entre algunas versiones es la escena del zapato. Siempre nos hace exclamar ¡Oh!, el momento en que el príncipe se lo pone, arrodillado a sus pies.

4   Pero también hay diferencias. Por ejemplo, la Cenicienta egipcia no era tímida. En la versión rusa, hay una bruja horrible. ¡Ay, qué miedo! ¡Y la Cenicienta italiana no era buena!

5   Como ves, el cuento se ha contado de distintas maneras. ¿Te animas a contar tu propia versión?

DesarrollaPiensaEscribe

Ampliar los conocimientos

Basándote en la lectura "Un atractivo jardín", analiza los puntos de vista de los personajes.

Análisis de los puntos de vista de los personajes	
¿Cuál piensas que es el punto de vista de Zorro?	¿Cómo cambia el punto de vista de Oso al final del cuento?

Piensa

¿Qué nos enseñan las diferentes culturas?

Basado en los textos de esta semana, anota otras ideas que tengas acerca de la pregunta esencial.

_____
_____
_____
_____
_____

Escribir basándote en las fuentes

Narrativa

Después de leer "Por qué el cielo está lejos" y "Un jardín atractivo", escribe un cuento corto con personajes codiciosos que aprenden a compartir. Tu narración deberá incluir lo que hayas aprendido sobre los personajes de las lecturas seleccionadas.

Lecturas compartidas 5 y 6

Recuerda hacer tus anotaciones mientras lees

Notas

Ficción realista

Un regalo para mamá

1   Eva quería dar a su mamá el mejor regalo de cumpleaños. No había ahorrado dinero como Lucas, su hermano, ni podía hacer retratos como su hermana Rita.

2   "¿Para qué soy buena?", pensaba constantemente. Durante la noche trató de hacer una lista mientras todos dormían. Casi sin querer, uniendo una oración con otra, ¡se le ocurrió escribir un cuento!

3   —¡Eso es! —dijo—. ¡Puedo escribir!

4   Escribió una historia divertida sobre una mamá que vivía en la selva con unos monos salvajes llamados Eva, Rita y Lucas.

5   Mamá se rió muchísimo.

6   —¡Gracias, Eva! ¡La risa es el regalo más viejo y mejor del mundo!

Vuelve a empezar

Alexis Romay

Si una oración sale mal,
mientras sigues el manual,
si en tu comida no hay sal,
no pienses que es el final:
¡vuelve a empezar!

Si te caes de un tropezón,
si olvidaste la lección,
si no prestaste atención
(por ejemplo, a esta canción):
¡vuelve a empezar!

Solo así podrás triunfar:
¡vuelve a empezar!

Lectura larga 2

Recuerda hacer tus anotaciones mientras lees

Trilingüe

F. Isabel Campoy

1   Béelia estaba segura de haber contestado bien, pero una vez más todo lo que oyó de la maestra fue:

2   —Repítelo. Más alto, por favor.

3   Ella repitió por segunda vez el nombre de la capital del país.

4   —*Guachinton.*

5   Sentía las miradas de todos sus compañeros fijas en ella, mientras la cara se le iba poniendo cada vez más encendida.

6   —Washington D.C. —dijo la maestra. —Repítelo.

7   Béelia trató de imitar la pronunciación de la maestra. Su voz apenas podía oírse:

8   —*Guachinton di si.*

9   Cuando oyó las risas, supo que no lo había conseguido.

10   Afortunadamente para ella sonó el timbre y todos se lanzaron a la puerta para salir al recreo.

Ficción realista

11 Un chico al pasar a su lado dijo:
—¡Repítelo!

12 Béelia fue metiendo sus cosas en la mochila, despacio, no tenía ningunas ganas de salir al patio.

13 Freemont no había sido nada como lo había imaginado en Oaxaca, ni como le había prometido su mamá.

14 —Allí estaremos todos juntos —le había dicho—. Tu papá nos está esperando. ¡Verás cómo te va a gustar!

15 Al principio todo le pareció nuevo e interesante. Pero después de unos días en la escuela lo único que quería era regresar a su pueblo. Se sentía extraña y diferente de las otras niñas, aunque fueran mexicanas como ella.

16   Por fin salió al patio. Una niña estaba peinando a otra. Al ver a Béelia le dijo algo en inglés.

17   Béelia le respondió en español:

18   —¿Qué me has dicho?

19   —¡Estamos en los Estados Unidos. Tienes que hablar inglés! —dijo la niña a la que su amiga estaba peinando.

20   Béelia sólo contestó "Gracias" y se alejó.

21   Primero había sido la ropa. Luego los zapatos. Ahora el pelo. Cada día había llegado a casa de la escuela pidiéndole algo nuevo a su madre, que no entendía nada.

22 —Pero m'ijita, si ese vestido es bonito, ¿por qué quieres esos blujins que dan tanto calor?

23 ¿Cómo explicarle que le daba vergüenza verse diferente?

24 La comunidad zapoteca era bastante grande en Freemont. Pero aquí no eran como en Oaxaca.

25 —¡Hola! —la saludó Ikal al pasar frente a ella. Traía un balón bajo el brazo y venía con un grupo de chicos de su clase.

26 Béelia iba a saludarle, cuando uno del grupo dijo:

27 —¡Ah!, pero ¿conoces a "Repítelo"?

28 Todos se echaron a reír. Ikal se alejó jugando con el balón sin mirarla.

29 Béelia intentó ocultar las lágrimas. En Oaxaca, Ikal la acompañaba los domingos a la plaza y una vez sus familias fueron juntas a la fiesta de la Guelaguetza.

30 ¡Cómo echaba de menos su pueblo! ¿Cómo podía explicarle a alguien todo aquello?

31 La Guelaguetza era más que una fiesta, más que los bailes y las miles de personas en el cerro del Fortín en dos lunes del mes de julio.

32 Desde muy pequeña había aprendido que Guelaguetza significa compartir, intercambiar entre familias, ayudarse los unos a los otros.

33 Con Ikal y los demás amigos había reído y bailado cada verano. Podía soñar con aquello todo el día.

34 De pronto, Béelia vio que todos estaban corriendo al campo de soccer. Ikal estaba en el suelo. Una de sus piernas estaba doblada en un ángulo extraño. Tenía la cara pálida. Se había desmayado de dolor.

Ficción realista

35   Una mujer se retorcía las manos y lo miraba angustiada.

36   —Es su madre, pero no comprende lo que le decimos —comentó la maestra.

37   —Hemos llamado a la ambulancia. No se preocupe —el director le repetía a la madre, tratando de calmarla. —No se preocupe.

38   —¡*Xxxxxxxxxx*! —gritó ella.

39 —No comprendo —dijo el director. —¿Entiende alguien lo que dice?

40 Béelia se acercó y habló en zapoteco.

41 La mujer se echó a llorar.

42 —Béelia, por favor, explícale que ya viene la ambulancia.

43 La mujer abrazó a Béelia y miró al director diciéndole: —*Xxxx*

44 —Le está dando las gracias —explicó Béelia.

45 —¡Gracias a ti, Béelia! No sabía que hablabas tres idiomas —exclamó asombrado el director. Y le sonrió. —¡Eres trilingüe!

46 Todos miraban admirados a Béelia que seguía conversando con la madre de Ikal.

47 —Está hablando en zapoteco —dijo Yaba, uno de los jugadores del equipo. —Yo también entiendo un poco.

48 —Pero, ¿no es español lo que hablan en México? —preguntó otro.

49 —Sí, casi todos lo hablan, pero hay más de cincuenta lenguas indígenas en México.

50 Yaba levantó la voz dirigiéndose al grupo:

51 —Béelia significa "estrella" en zapoteco. Hoy has sido tú la estrella, Béelia.

52 La ambulancia acababa de llegar. Todos le abrieron paso a la camilla. Ikal abrió brevemente los ojos y al ver a Béelia dijo:

53 —¡Guelaguetza!

54 —¡Sí, Guelaguetza! —contestó Béelia.

Lectura de estudio de palabras

Ficción realista

El campeón bajito

1   Marcelo nació en un pueblito de Colombia. Era el más pequeño de los niños de su edad pero eso a él no le molestaba. El solo quería jugar al fútbol. Día y noche corría detrás de la pelota. Era tan bueno que no había quien se la pudiera quitar.

2   A los siete años, sus padres le dijeron que debían irse a vivir a California, al otro lado del mundo. Marcelo se llevó un viejo retrato de Diego, su jugador favorito.

3   En su nueva escuela no tenía muchos amigos, hablaba distinto y casi nunca decía una oración completa. Sus compañeros lo llamaban el "bajito callado".

4   Un día en la clase de educación física mientras se organizaba un partido de fútbol, un alegre pensamiento inundó a Marcelo. Como era pequeño y nadie lo conocía, lo eligieron el último.

5   El partido comenzó y nadie le pasaba el balón, entonces Marcelo robó un balón y dribló a un jugador contrario. Y a otro. Y a otro, como si estuviera en su pueblo de Colombia. Su equipo ganó con facilidad y todos sus compañeros lo alzaron en andas. A partir de entonces comenzaron a llamarlo "Marcelo, el campeón".

DesarrollaPiensaEscribe

Ampliar los conocimientos

Basándote en las lecturas de esta semana escribe que aprendieron Béelia e Ikal

Béelia	Ikal

Piensa

¿Qué nos enseñan las diferentes culturas?

Basado en los textos de esta semana, anota otras ideas que tengas acerca de la pregunta esencial.

_____
_____
_____
_____

Escribir basándote en las fuentes

Narrativa

Después de leer "Trilingüe" vuelve a leer "Un jardín atractivo". Elige un personaje de cada cuento y compara en un ensayo corto sus comportamientos a través de las historias. Para apoyar tu explicación, usa hechos y datos que aparezcan en las lecturas seleccionadas.

Desarrollo del idioma español

Pautas para la investigación/utilizar hechos y detalles

▶ Después de leer "Trilingüe" vuelve a leer "Un jardín atractivo". Ambos cuentos tienen personajes que aprenden una lección. Elige un personaje de cada cuento y explica en una redacción corta por qué crees que los personajes necesitaban aprender una lección. Para apoyar tu explicación, usa hechos y datos que aparezcan en las lecturas seleccionadas.

En la tabla que aparece a continuación escribe algunos detalles que necesites para tu redacción y, en la columna derecha, escribe por qué son importantes.

Detalle	Por qué es importante
¿Cuál es el personaje de "Trilingüe"?	
¿Qué lección aprendió?	
¿Cuál es el personaje de "Un jardín atractivo"?	
¿Qué lección aprendió?	

Familias de palabras

aprender	
aprenden	
aprendió	
aprendizaje	

¿Qué otras palabras derivadas de la palabra *aprender* conoces? Elige otra palabra y escribe sus derivadas.

Usar hechos y detalles del texto para apoyar tu explicación

Hechos y detalles del texto	Lo que uso para apoyar mi explicación

Entre compañeros
- *En la página _____ del texto dice que _____.*
- *Creo que es importante porque _____.*
- *Esta información apoya mi explicación sobre _____.*

Planificar el texto informativo/explicativo

Organizar un ensayo explicativo

Elementos del ensayo	Mis ideas
Planteamiento de la opinión	
Razones y evidencias del texto para apoyar la opinión	
Conclusión	

Entre compañeros
- Mi opinión es _____.
- Los detalles en que baso mi opinión son _____.
- La conclusión de mi ensayo es que _____.

Palabras que ayudan a establecer mi ensayo

Para señalar…	Usa estas palabras…
Opinión	creo, opino, pienso, me parece que
Estructura del relato	escenario, personaje, problema, solución
Conclusión	en resumen, como conclusión, en definitiva, la razón de

Entre compañeros
- Voy a usar las palabras _____ para apoyar mi explicación sobre _____ de la siguiente manera: _____.

Desarrollo del idioma español

Ampliar el vocabulario académico

Codicioso

La palabra "codicioso" se presenta en varias de las lecturas de la unidad. Comprender su significado es importante para poder explicar los textos. Completa la tabla para demostrar tu comprensión de la palabra.

Define codicioso	Usa "codicioso" en una oración	Escribe palabras que signifiquen lo contrario

Entre compañeros
- Para mí la palabra _____ quiere decir _____.
- Por ejemplo, _____.

Palabras compuestas: palabras formadas por dos palabras

Las palabras compuestas son palabras que se forman por la unión de dos o más palabras. Conocer el significado de una o más de las palabras simples que forman una palabra compuesta puede ayudarnos a comprender el significado de toda la palabra.

Palabras compuestas			
Palabra simple	Palabra simple	Palabra compuesta	Significado
medio	día	mediodía	
balón	cesto	baloncesto	
lavar	vajilla	lavavajilla	
cumplir	años	cumpleaños	

Entre compañeros

Construye 1 oración con cada una de las palabras compuestas.

Utilizar las normas del español

Usar de, del y al

Palabras aisladas	Oración
Auto. Laura.	El auto es de Laura.
Carlos. Alguacil. Pueblo.	Carlos es el alguacil del pueblo.

Entre compañeros

Escribe la palabra correcta en cada caso.

- Los arándanos eran ___ oso.
- El oro le gustaba mucho ___ codicioso Rey Midas.

Banco de palabras

de

al

del

¡Tu turno!

1. Completa la oración usando la palabra que corresponda en cada caso.

Piensa: El siguiente párrafo es un breve resumen de "Un jardín atractivo". Aplica lo que aprendiste para completar las oraciones con la palabra correcta.

Oso ___ a Ardilla y Conejo.	mal, tratar, maltrató
Zorro decidió darle una lección ___ oso egoísta.	a, al, el
Oso aprendió la lección ___ Zorro y compartió los arándanos.	al, el, de
Zorro, Conejo y Ardilla invitaron a Oso y todos compartieron los frutos ___ jardín.	del, el, de

Apoyo para la conversación colaborativa

Pautas de conversación

Compartir una nueva idea u opinión

Pienso que _____.

He notado que _____.

Mi opinión es_____.

Un hecho importante fue cuando _____.

Pedir la palabra

Me gustaría añadir _____.

Perdón por interrumpir, pero _____.

Eso me ha hecho pensar en_____.

Agregar algo a la idea u opinión de un compañero

También pienso que_____.

Además, _____.

Otra idea es_____.

Expresar acuerdo con la idea de un compañero

Estoy de acuerdo con [nombre] porque _____.

Estoy de acuerdo con que_____.

Pienso que es importante, porque _____.

Expresar desacuerdo respetuosamente

Estoy en desacuerdo con [nombre] porque _____.

Entiendo tu punto de vista, pero pienso que _____.

¿Has pensado_____?

Preguntar para aclarar

¿A qué te referirías al decir_____?

¿Estás diciendo que _____?

¿Podrías explicar lo que quieres decir con_____?

Aclarar a los demás

Lo que quiero decir es _____.

Lo que estoy intentando decir es que_____.

Roles del grupo

Director de debate:
Tu rol es guiar la conversación del grupo y asegurarte de que todos tengan la oportunidad de participar.

Redactor:
Tu rol es anotar las ideas y comentarios de tus compañeros.

Moderador:
Te ocuparás de tener en cuenta cuánto tiempo ha pasado y ayudar a que se mantenga activa la conversación.

Animador:
Tu rol es motivar y apoyar a los compañeros de tu grupo.

Qué significa cada palabra

Palabra	Mi definición	Mi oración
amarga (pág. 23)		
concederle (pág. 10)		
desmayado (pág. 34)		
egoísta (pág. 19)		
excepto (pág. 10)		
exquisitos (pág. 6)		
extraña (pág. 31)		
glotones (pág. 9)		
preciada (pág. 7)		
prometido (pág. 31)		

Ampliar los conocimientos a través de 10 temas relacionados

Gobierno y ciudadanía

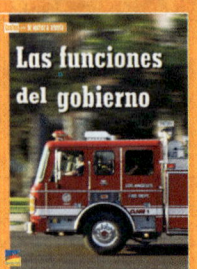
Las funciones del gobierno

Personajes

Los personajes enfrentan retos

Biociencias

Las plantas y los animales en su hábitat

Puntos de vista

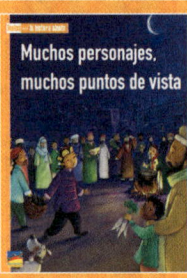
Muchos personajes, muchos puntos de vista

Tecnología y sociedad

Resolver problemas a través de la tecnología

Temas

Cuentos para la vida

Historia y cultura

Investigar el pasado

Ciencias de la Tierra

El viento y el agua modifican la Tierra

Economía

Compradores y vendedores

Ciencias físicas

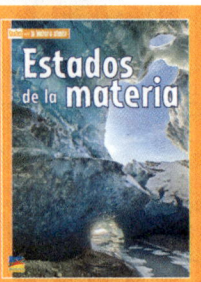
Estados de la materia

BENCHMARK EDUCATION COMPANY

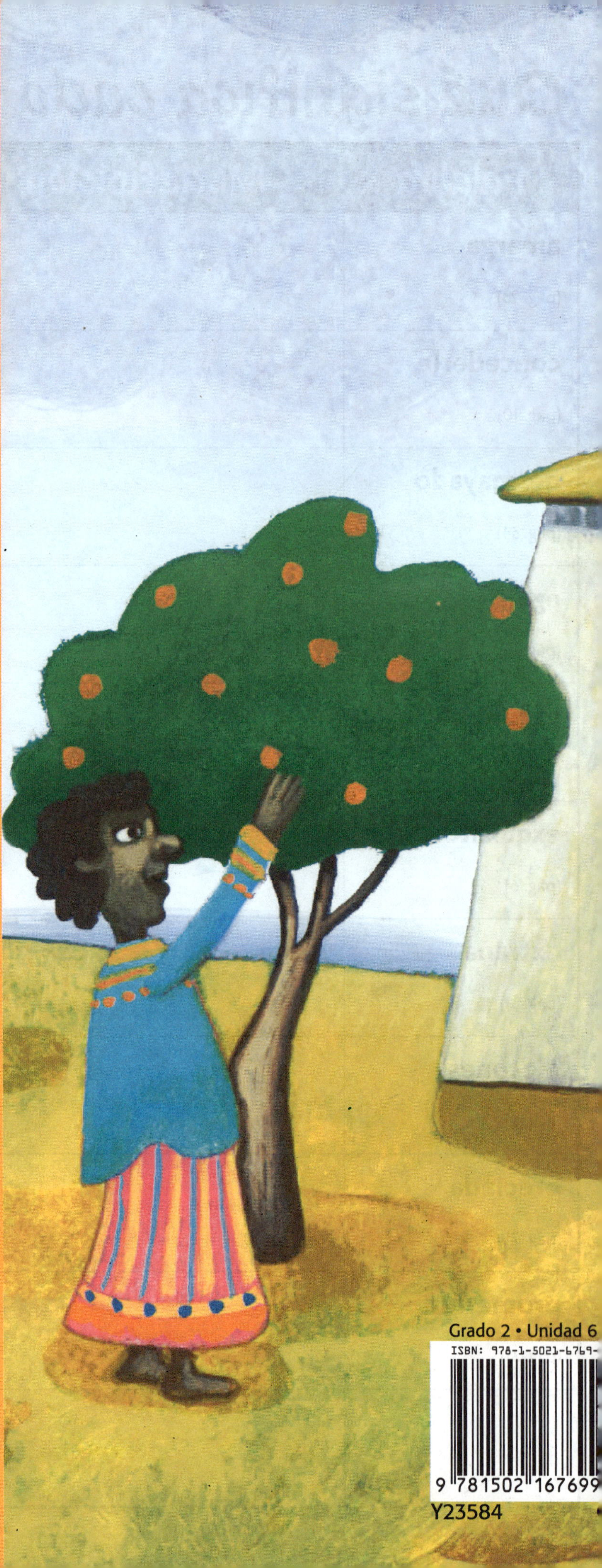

Grado 2 • Unidad 6

ISBN: 978-1-5021-6769-

9 781502 167699

Y23584